외로운 사람은 그림자가 길다

그루시선 108

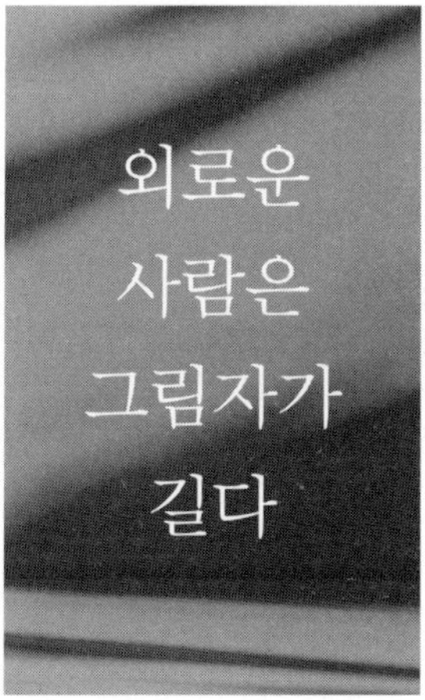

노진화 시집

그루

| 시인의 말 |

노을의 시간이 되었다.
오래된 마음이 여기에 모여 있다.
나에게 시는
숨이다.

시를 붙든 지 오래되었지만 시가 오지 않았다.
내 것이 되지 않았다.
그러나 언젠가부터 불안한 삶을 만질 때마다
거짓말처럼 사라지는 어두운 것들과
아무것도 없는 나를 보았다.

내가 기쁘게 살지 못한 까닭과
잃어버린 시간들을
시를 쓰면서 찾는다.

2023년 10월
노진화

차
례

제2부 도원지의 가을 저녁

제3부 새들도 눈을 들어

제4부 엄마의 섬

해설

제1부 혼자 있는 시간

그림자

오래 입 다문 나무는
저 혼자 우는 강물 소리 들으며
길게 그림자로 눕는다

입 속에 갇힌 것들
하! 꽃이 되지 못한 것들
그림자로 앓는다
꽃이 되지 못하고 말이 되지 못하고
모가지가 꺾이고 그림자에 갇혀서
제 눈을 찢는다

고통의 축제
눈물 속에서 빛나는 것들
그림자로 누운 것들

사람은, 외로운 사람은
그림자가 길다.

혼자 있는 시간

혼자 있는 시간은
젖은 그림자의 시간
사막이 되고 동굴이 되었네

시간도 단풍 들어
떨어질 채비를 하는
혼자만큼의 고독
새 지평이었네

나 혼자의 시간은
내 안의 나를 보는
직면의 시간
그것이 분노인지 슬픔인지
지나간 것들을 끊어내는,
그것이 사랑인지 질투인지
내 안의 큰 돌을 빼내는
뜨거운 시간.

천제연폭포

난대림 시원의 숲에서
아득한 절벽도 아닌 곳에서
무수히 낳은 물 위로
이 세상 모든 울음을 물고 떨어져 내리는
폭포 소리 듣는다

숨죽은 내 영혼 마구 깨워서
아직 내 안의 오래된 울음
소리도 없이 터져 나오는데
물가에 선 붉은 동백꽃도 제 울음 멈추고
내가 낳은 슬픔의 자식들
그 눈물들을 듣는다

나 이제라도
한줄기로 뿜어내는 폭포 소리
저 역동의 힘으로 살아가리니
그대 헐거운 날들은
부디 잊어 주시라.

살풀이춤

애원 짙은 춤을 내 몸에 들였습니다
하얀 명주 수건을 쥐고
바싹 긴장한 몸을
살풀이 가락은 처연히 휘감았습니다

오늘은 스승의 아름다운 춤사위에
영혼은 젖어
몸이 풀려나고
아무도 모르게 흐느꼈습니다

아! 저 많은 빗방울들을 내려놓는
통 큰 하늘처럼
살풀이춤을 골백번이라도 추어서
내 오래된 슬픔의 살이
우리 고통의 시간들이
살살 풀렸으면 좋겠습니다.

달이 떠도

달이 떠도
둥근 보름달이 떠도
당신은 가라앉아
뜨지 않았네

가슴이 울어울어
우는 밤에도
당신은 달빛도 등지고
앉아 있었네

달은 뜨는데
꿈쩍 않던 인생의 달
그 달 저물지 않고
이제 가슴에 뜨네.

작별 의식

가을바람 타고 엄마 다녀가셨네

모슬포항 낡은 유리문 덜컹대는 식당
소문난 갈치조림 입에 대자
덜컥 어디서도 찾을 수 없는 엄마의 그림자
드리워졌네
먼 하늘가에서 손맛 부려 놓고 가신 듯
마음이 젖네

기억은 쓸쓸히 저녁을 흔들고
항구의 불빛은 깊어지는데
추억에서 놀다가

슬픔이여 안녕
엄마 안녕

나는 미루어 두었던 작별 의식을 치른다.

바윗등

돌이 많은 제주에 와서
나는 돌들을 만나 좋았네
검은 초원 같은 너럭바위를 딛고
한갓되이 걸어 다니니 좋았네
든든히 나를 받쳐 주는 바위 위에서
등을 대고 파도 소리
내 마음의 소리 들었네

제주에 와서
거친 바위 위를 걸어 다녔네
바위가 나를 받아들일 때마다
단단해지는 나를 느끼네

바위는 그런 나를 위해
더 단단해진 등을 내어 주었네
마치 당신이 그랬던 것처럼.

노래처럼 눈이 내리고

동짓날 카페 에곤 실레에서
정물처럼 앉아 있었네
눈은 노래처럼 내리고
당신이 그리운 입술은
눈의 노래를 적시고 있었네

오늘 내리는 눈은
내 불온한 눈동자 꿈처럼 꺼져 버린 볼에서
비밥 재즈*로 다가오네

오늘 부르는 눈의 노래는
온기의 노래
차가운 심장이 펄떡대며
먼 당신을 노래 부르네.

*템포가 빠른 재즈 음악.

사람의 마을

사람의 마을에 초록 길을 내겠다고
상처로 붉은 길을 걸었다
꽃은 진 지 오래인데
초록 이파리 낭자하다

거친 등을 하고 사람의 마을에
꽃등을 달겠다고
문학의 등불을 달겠다고
가난한 내가 아무것도 아닌 내가
더없이 쓸쓸하여도
문예지 생각과느낌을 낸다고
대구의 잔 다르크라는 별명도 얻었다

굽은 등이 환해지는
사금파리 같은 저녁이었다.

지나간 사람들

지나간다는 것은 통과한다는 것과 같은 맥락일까
지나가 버려도 통과하기 때문에 좋다는 것일까
그러나 우리의 지나간 것들 수북한 이야기들은
하염없이 외롭다는 것이다

어릴 때 소꿉놀이하던 친구들도 지나가고
한때 이웃사촌이었던 사람들도
지나가서 돌아오지 않는다

어느 날에는 사랑하는 사람도 지나가고
천둥 번개 치듯 엄마 아버지도 핏줄의 연들도
다 지나가서 없는 사람이 되고
목청껏 의기투합하던 사람들도
모르는 사람이 되었네.

돌길에서

산굼부리 눈부신 억새길을 두고
호젓한 돌길을 걷는다
길을 따라서 각각의 형상대로
다닥다닥 붙어 있는 돌들

거칠어서 끌리는가
뾰족하고 거친 몸을 만져 본다
얼굴도 대어 본다
숨길 수 없어서 드러난
돌의 마음이라서
저리도 적나라한 것인가

말을 걸어오는 돌들 사이에 앉아
숨을 쉰다
나도 속에 있는 말들 끄집어낼 때마다
내 몸에도 뾰족한 것들 하나 둘 돋아나서
마음은 조용히 비어 갔으면 좋겠네.

낮술

마음도 새파랬던 날

철썩이는 파도 소리에

첫사랑 같은 낮술 한잔에

새파랬던 것들

손에 잡히지 않는 것들

내려놓는 사이에

흠뻑 들어주었던 바다

낮술 한잔으로

마음은 눈썹달만큼 가벼워졌네.

가을 단상

기다리고 있을까
저 지고 있는 잎들은
빨갛고 노랗게 물든 잎 비워 내고
맨몸으로 서 있을 때를

절정의 단풍잎도
조바심 내고 있을까
찬란히 져서 뒹구는 때를

나도 그럴까
꽃피지 못하고 물들지 못해서
얼른 지고 싶은가
손에 쥔 것들
가슴에 고여 있는 것들
불안하고 불편한 것들
다 버리고 싶어서

바람 불 때마다 비에 젖을 때마다
단풍 비가 내리듯

나도 그렇게 지고 싶은가
죽음보다 가벼워지고 싶은가.

내 마음이 이래요

정오를 지나 나른한 공기를 품고
하품처럼 늘어진 그림자

내 마음이 이래요

가로등 아래 시멘트 바닥 위로
세밀화처럼 드리운 그림자

내 마음이 이래요

한자리에 오래 서 있는 나무는
그림자놀이로 숨통을 틔운다

사람은 더하지 않겠는가
일상의 못을 들고 날마다 못질하며
버릴 수 없는 것들
지독히 그리운 것들
결국 사랑에 대한,

남아 있는 날들을 씻는다.

검은 모래가 있는 바닷가

붉은 동백꽃 다 져버린 날
붉은 동백꽃처럼 다 떨어진 마음은
위미리 바닷가 검은 모래밭에
내 집처럼 눕는다
그때 내 착한 모자는
스르르 얼굴로 내려와서
내 눈을 감기고 귀를 열어 준다

당신 숨소리 같은 파도 소리 들려오고
세상의 모든 소리들
모래밭으로 스며들었다
스며든 것들은 모두 검은빛으로
부서졌는가
여리고 위태로운 것들 잘게잘게 쪼개져
검은 모래밭을 이루었는가

그러니 비탄의 뿌리들
오래 검게 탄 것들
내 속에서 기어 나와

여기 검은 모래로
다시 태어나거라.

눈 이야기

눈이 내린다
마음에 발이 달린 사람들은
집 밖의 길을 따라
말의 눈망울같이 선한 말들로 떨어지는
눈 이야기를 듣는다
나무는 나무의 언어로 알아듣고
길은 길의 방식으로 귀를 열어 놓는다

차가운 눈을 맞으며
되레 따뜻해지는 사람들
온 세상을 하얗게 만드는 눈은
바람난 마음을 데우고
지상의 노래가 된다.

오래된 후회

—비양도

비양도에는 무수한 구멍으로 집을 이룬
검고 붉은 돌들이
하염없이
바다를 바라보고 산다

나는 언제 하염없이 당신을 바라보았나

구름도 흘러가지 않고
금빛 물결도 튀어 올라 눈부신 바다
어느 달빛 잠긴 밤에는
족적도 없이 붉고 검은 돌들도
파도를 타고 놀아
모든 쓸쓸한 것들과
가난한 것들을 불러모아
비양도에서는 아무도 외롭지 않다.

제2부 도원지의 가을 저녁

도원지의 가을 저녁

산에서 내려오는 바람을
못은 거두어 물결을 태운다
그득해지는 못에 저녁은 다다르고
도원지에 별이 빛난다

쳐다볼수록 새롭게 돋아나는 별들
맑은 별빛은 어지러운 생각들
못 속으로 떨어뜨리고
나는 엄마별 오래된 별을 헤고
내가 앉을 별자리도 점찍어 두네

복사꽃 없어도
구름과 산 그림자 물빛을 채우고
물결 타는 바람이 잔잔해질 때
당신도 가을 저녁에 앉아
가만히 별이 되려나 보네.

자작나무 숲에서

너는 행렬을 지으며 숲으로 찾아드는
구겨진 종잇장 같은 마음의 소리들
다 듣고 있었던 거지

흰 몸보다도 더 하얀 마음을 가진 너는
별빛 총총한 밤하늘만큼의
무수한 삶의 서사들과
혼자 꼬꾸라지지도 못한 마음을 끌고 오는
잦은 패배의 소리들
괜찮다고 다 괜찮다고 말거는 거지

환해지고 싶은 마음들
더는 말이 솟구치지 않을 때까지
탄식의 소리 하얗게 소멸될 때까지
하염없이 받아 주는 거지

우리 인생 자작나무 같아질 때까지.

초승달

당신은 초승달 같아서
눈썹달만큼만 마음이 보이지
사이판 에메랄드빛 처음 만난 바다에
눈썹달 낮게 내려와
밤바다 물결 일렁이네

어느 날은 당신도
푸른 바다로 다가와
시든 마음
영영盈盈하게* 해 주었지

그래도 바다에 내려앉은
저 초승달
끝까지 바다 마음 모르겠지
끝내 별의 마음도 모르고
구름의 생각도 모르겠지

하! 그러나 보름달을 향해 차오르는
달도

초승달이라네.

* 물이 가득 차서 찰랑찰랑하다.

월정사 매화 향기

일주문 들어서니
홍매화 붉은 입술
살포시 열고 있었네

수양매 배꼽에서 나오는 향기
아득해졌네
내 마른 입술 끝
다정한 꽃 입술 스치니
내 안의 부족한 것들 크게 부풀었네
가령 사랑의 열망 같은,
한 번도 어루만지지 못한
그대 마음 같은,

매화 향기 발끝 따라왔네
당신에게 전해 줄
밤의 향기.

봄 연못

봄 연못에
파란 하늘이 햇살과 풀들과 어우러졌다
바람 소리도 연못을 흔들고
모난 돌들도 꽃 속에 앉아 있다
모여 있는 것들은 다정하다
그러니 다정한 시간들아
흘러가지 말아라

그러니 우리 사랑의 잔영도 다정하여라
하늘과 바람과 햇살과 꽃들이
봄 연못에 모여들어
아름다운 풍경이 된 것처럼
사랑 푸르고 붉은 이야기들도
떠돌지 않고 모여서
그리운 그 사람도
봄 풍경이면 좋겠네.

숨어 있기 좋은 바다

—오조리 포구

그가 왜 이 포구로 숨어들었는지
쨍한 날 햇살이 뛰어다니고
이유도 모르게 풀어놓은 에메랄드빛 물결과
섬휘파람새 명랑한 노래 구름 위를 날아다니는
대책 없는 풍경 속으로 빠져들 때
그냥 웃음이 나게 되니까

흐린 날에는 더욱 그가 마음을 빼앗겨버린
이유를 알게 된다
거친 바람이 휘젓고 다니는 안개
어디 흘러가지 못한 채 자꾸 몸을 바꾸는
구름들까지

아! 그리운 저녁에는
두 개의 달 쌍월이 놀러 오는
그대라는 먼 달
물결이 품고 있는 달까지
그때 그리움의 근육을 가진 성산 일출봉조차

쓸쓸한 저녁을 더하면
이런 진실된 놀이터도 없기 때문이다.

진달래 사태

비탈진 산은
진달래 사태다
봄바람에 연분홍 호흡으로
숲을 사로잡는다
숲은 친구니까 사로잡힌다 해도
어쩌다 눈 맞춘 나까지 사로잡혀
하염없이 머무르다 뒤돌아보다

우리도 진달래 사태 같을 때 있었지
서로에게 사로잡혀
그 밖의 것들 눈 밖이었던
도무지 그런 날들은 어디로 갔을까.

감귤밭에서

감귤밭에 피어난 노란 세상
공기까지 감귤색이다
주렁주렁 땅에 이마를 대고
온 세상을 깨우고 있다
아름다운 하강이다
더 둥글어지라고
모나고 거친 시간들은 버리고
저문 것들은 밝아지라고
온몸으로 말하고 있다

우리 가슴 밭에도 밝은 빛들이
저렇듯 자주 들어찼을 것이다
종종 즐거운 일들로 파도쳤을 것이다
그러나 다 어디로 사라졌을까
밝고 좋은 것들은.

한라산 노을

—위미리 동백마을

위미리 동백꽃 지고 없는 자리
한라산 노을이 동백꽃같이 붉다
능선에 붉은 노을을 두르고
오래도록 붉다

한라산은 혼자 노을을 다 가지고
온통 노을빛으로 물들고서야
저리도 미끈하다
그러니 사랑을 다 가지지 못해
안개 속에 있는 사람아
천하의 한라산도 노을을 다 가질 때까지는
안개 속 같은 날들이 많지 않았겠는가.

압해도

잔뜩 흐린 얼굴을 하고서
회색빛 몸으로
그렇게 온 사랑을 짜내어
실한 생명을 키우고 있는
서늘한 압해도 갯벌에서
아직 남아 있는
사랑을 생각한다.

파도

서귀포 칠십리 바닷가
후려치는 파도를 속절없이 견디며
깎이고 깎여서 젖고 젖어서
돌들의 속살은 저토록 반짝인다

그대 오시려거든
저 파도처럼
번쩍
오시라.

감포에 와서

아침 파도 소리는 힘을 가졌구나
그래 힘 있는 것들은 사랑을 가졌으리
그래 기운찬 파도 소리 등에 올라타
미약한 지난날들 씻어 버리고 가자
낡고 무겁고 상처난 것들
갇히고 가두었던 것들

몽돌 사이로 씻기어 가는
맑은 것들의 환호성
오호라!
두 귀도 가벼워졌구나.

라일락꽃 아래에 서면

생의 의미로 향기를 내어야 하는 라일락은
물을 빨아들이는 대로 목이 마르다
태생적인 향기는
심장을 열고 다가오는 눈빛들을 목격하면서부터
열망에 사로잡혀
더 짙은 향기를 위해 목마르다
그럴수록 떨어지는 꽃의 호흡
가쁘다

생의 열망에 발목 잡히지 않아야
위태롭지 않을 거라는 것
알아채는 순간
보랏빛 향기도 꽃처럼 떨어진다.

따라비 오름

오름에 앉아
봄의 기척들 분주한 들판을 본다
풍력발전기는 말없이 돌고 있고
둥글게 손잡고 있는 오름들
나도 둥글게 손잡고 싶어지네

흘려버린 시간들을
서운했던 사람들을
따라비 오름으로 불러내어
다 같이 둥글게 내려앉고 싶네

훤히 다 보여도 아름다운 오름처럼
속을 다 보여도 아름다운 관계
둥근 마음이 그리워서
자꾸만 뒤돌아본다.

내 사랑은 낮은 하늘을 나는 새들처럼

명랑한 새소리 나뭇가지 사이로
아침을 펼치고 있다
새는 아무것도 없는 하늘에
하얀 구름을 앉혀 놓고
작은 날갯짓으로 논다

아침 햇살 속에서
마음으로 쓰는 편지가 온다
사랑해 사랑해
참 낮게도 온다

새는 멀리 날아가는 것으로
하늘을 가지는 것이 아닐 것이다
제 날개를 접은 하늘
제 날개를 활짝 펼친
작고 낮은 하늘을 가지는 것이다

몸으로 쓰는 편지가 직행으로 온다
사랑한다 사랑한다

네 머릿속에 있는 것
다 사랑한다

살아서 받는 편지
참 빨리도 온다.

아름다운 시간

아침해는 찬란히 떠오르기 전
먼저 잠든 구름을 깨워 놓고
자신의 색으로 물들이는 일
그 기쁨을 알고
구름도 해의 빛으로 스며들어
붉어진 몸으로 응답할 줄 알아
아침 하늘은 저리도 황홀하다

지는 해는 장렬히 저무는 순간
먼저 자유로운 구름을 불러놓고
붉은빛 다 넘기고 홀연히 건너가는
사랑을 알아
저녁 하늘은 저리도
사람의 어깨를 흔든다

현玄하고 묘妙한.*

* 현玄은 일출, 묘妙는 일몰의 아름다운 흘황.

후포

낮은 것이 정겨운 것은 사람만이 아니다
낮게 엎드린 집들은 다정하고 눈물겹다
후포에 사는 사람들은
바다와 가까워지고 싶어서
그렇게 모두 낮은 집에 모여 산다

지붕은 바다와 눈을 맞추고
사람들 마음속에는 바다가 들어와 산다
바다를 가진 후포 사람들은
높았다 낮았다 변덕을 부리는 파도 때문에
때로는 식겁도 하지만
그러나 뒤통수치지 않는 바다가 있어서
그렇게 낮게 엎드리고도
낮은 줄 모르고 산다.

별 헤는 밤

겨울 황매산 기슭
별빛 와르르 쏟아진다
별빛을 따라 돈다
저기 일곱 개의 아름다운 별
북두칠성도 따라 돌고

그때 당신의 등을 안고
그때 당신은 별빛이라는
생각이 깨무는
다정한 밤
그래 같이 흘러오기 잘했구나

우리가 서로에게
별빛이 되어 줄 때
먼저 별이 된 사람들
먼 별빛도 지켜봐 주는
그런 밤이 온다
그런 사랑이 온다

다시 오지 않을
별 헤는 밤.

제3부 새들도 눈을 들어

신호등에 멈춰설 때마다

빨간 신호등에 멈춰설 때마다
생각도 멈춰서지
그러니 얼마나 좋아
빨간 신호등에 종종 걸려야 해
그래야 영혼의 맑은 숨
잠시 쉬어 가지.

하얀 속

동해안 해풍에
투명한 속이 춤을 춘다

오징어는 속을 말갛게 다 비우고
나무 꼬챙이에 제 몸을 꿰고는
해풍에 말라가고 있다

해풍이 하얀 속을 말랑말랑하게 손질하는 동안
태어나 한번도 지어 본 적 없는 순한 눈빛으로
하늘에서 달이 내려오고
바다에 별이 뜰 때까지
그렇게 속을 훤히 다 버리고
바람결에 내다걸리고 싶다.

내게도 달이 있어요

내게도 달이 있어요
환한 보름달이에요
저물어가는 엄마의 강을 비추며
환히 빛나는,

오늘 그 달이 기차에 올라
이 빠진 동그라미처럼
달아난 숨을 찾아
시간 여행을 하네요

곁에 달이 없어서 금방 시들 것 같지만
사실 오래 견딜 수 있어요
달이 두고 간
밝은 달빛이 있으니까요

그러니 나도 달이 되고 싶네요
비탈진 시간에도 딸을 비추는
고요한 달빛.

봄마중

남평문씨 세거지에서
매화 향기로 봄을 만났지
작은 꽃잎 속에 벌들이 어질어질

마비정 벽화마을
낮은 담벼락 돌며
발걸음마다 따라다니는
봄을 만났지
민들레 영토도 보았어

다 큰 아들은 재롱부리듯
목소리로 시를 쓰고 있었지
새봄처럼 처음이었어
제대로 봄을 만났던 거야
아들의 봄 속에서
엄마의 봄도 만났으니까 .

가뭄

댐의 바닥을 본다
오랜 가뭄 끝에서
물은 어디로 흘러가 버렸는지
마른 돌들이 흰 몸을 드러내고
생명을 지키는 풀들
절규하는 소리 듣는다

그것은 나를 보는 것
그대와 처절했던 날들이 와락
그러나 다 지나갔다
댐 바닥에서 보았던
질긴 생명의 풀들처럼
그래 우리가 댐 바닥을 닮았구나
바닥을 보았으니
투명한 속이 되었구나.

어떤 하늘

—딸아이 생일에

딸아이는 어떤 하늘
꽃이 피어나고 잎이 돋는
생성의 자리
봄날 꽃의 시간과 뭉클한 노을
햇살 눈부신 밝은 거처 같은 것

딸아이는 어떤 하늘
그 하늘
이제 건너가네.

칠엽수에게서

칠엽수 푸른 잎사귀 아래
쏟아지는 기운
온몸으로 맞는 게 좋아서
맨발로 걸어간다

일곱 개의 커다란 잎을 가지고
열띤 그늘을 던지는
처음에는 이름도 모르고
어째서 이리 넓고 푸르른 것인가
자꾸만 눈이 가던 나무
때로는 아직 일곱 개의 잎을 다 가지지 못해
다섯 개의 잎사귀로 초록을 던지던 나무

오롯이 자기 이름을 가지려면
아직 돋아나지 않은 잎을 기다려야 하듯
어쩌면 우리 삶도 나머지 잎을 기다리는
칠엽수 같아서
못다 한 사랑

못다 이룬 꿈
다 괜찮네.

천 개의 눈과 마음

—남해 금산

바람이 쓱쓱 쓸고 다니는
구멍 숭숭 뚫린 거미집 같은 집
그런 집을 버리지 못하는 나는
남해 금산 돌 속에 들어가
천 개의 마음을 숨기고 싶다
그러다 어슬렁 달빛이
제집같이 기어들면
천 개의 눈으로
바다도 살피고 구름도 살피다가
덜컥 발에 차이는 못난 돌 있으면
똑똑한 달빛이 저 하늘로 돌아갈 때까지
천 개의 이야기를 들어주리라.

초승달과 금성

기도로 가득해진 저녁 하늘
유난히 밝은 별빛 하나와
가까이 앉은 초승달을 보았네
저 밝은 별빛은 별일까 싶을 만큼
환했네

오늘은 금성도 수컷의 마음이 되어서
달의 마음 얻으려고
가까이 다가앉았던 것인데
사랑을 하는 사람들은 모두 마음이 같아서
경이로운 거리의 달과 금성
다정한 짝을 바라보았네

어느 무심한 저녁 당신도
오늘 밤 초승달과 금성의 거리만큼
내 마음에 바싹 다가왔던 적
많았을 테지.

느영나영* 나무

머체왓 숲길 들판에는 느영나영 나무가
서로 다른 조롱나무와 동백나무가
세상에서 제일 너른 품
한라산을 바라보고 있다
그래서 느영나영
너하고 나하고
애초에 태생이 달라야
너와 내가 되는구나
느영나영
뼛속까지 달라서
느영나영
여태껏 한세월이구나.

* 제주도 방언으로 너랑 나랑.

새들도 눈을 들어

새들도 눈을 들어 하늘을 쳐다볼 줄 알지
먹이를 찾아 물속에 고개를 밀어넣다가도
시린 하늘을 바라볼 줄 아는 거야

새들도 고개 들어 하늘을 바라볼 줄 알지
맑은 하늘을 우러러보다가도
발이 잠긴 물속을 잊지 않고 자맥질하는 거야

그러니 그대여
무릇 사람을
사랑하는 사람을
어찌 대해야 하겠는가
어찌 품고 살아야겠는가!

비 내리는 성모 동산

봄비 내리는 밤
허위허위 성당에 가네
가난하면 외로움도 모를까
며칠을 가난하지 못했으니
며칠을 차갑게 살았으니

비 내리는 성모 동산에
젖으며 섰네
붉은 철쭉도 젖고 있네
엷은 미소 띠시는 성모님 앞에서
눈물이 일어서네

기도하는 마음만 있어도 은총일까
하염없이 들어주시는 어머니
들끓지 않도록 빗소리도 저리 다정하다.

황산마을에서

가지런한 마을 속
기운찬 것들이 돌아다닌다
부지런한 해는 무논에서 놀고 있고
일찍 눈뜬 구름과 어린모들도
아침을 맞는다

지난밤 구슬픈 피리소리 날아든
고택의 지붕들도 빳빳이 고개를 들고
기품 서린 대청마루도 어깨를 펴는데
원학고가* 상서로운 기운 품고 깨어난
내 안의 뿌리여
신성한 황산마을에서
그대 오래된 마음
달빛같이 비춰 줄 수 있겠는가.

* 거창 황산마을 신씨 집성촌의 고택.

사람이 온다

세상 모든 색들이 얼어붙어
빛이 나무의 잎이 되는 겨울을 지나
저 힘찬 나뭇가지들을 본다
가지 끝 여린 이파리들 준비가 되어 있다
길가 이팝나무 꽃들도
한생을 책임질 하얀 밥알을 물고
숨 고르고 있다

서로 안아 보자고

슬픔도 절망도 날숨으로 날려 버리듯
사람이 사람을 안는 일
몇 초의 순간에 서로가 온다
절실한 것들이 온다
사람이 온다.

애기애타 혹은 도산의 눈물

언제부터인가, 대구경북흥사단 지하 쾌재정 민족독립혁명가 도산 안창호 선생님에게 눈길이 가닿을 때마다 눈시울이 뜨거워졌네. 사진 속 도산은 살아 있어 희미해져 가던 도산 정신을 환기시키네. 다시 주인 정신으로 돌아가라고, 애기애타의 삶을 회복하고 무실역행 충의 용감 흥사단 정신으로 힘을 기르고 실천하며 나아가라고 한 그 말씀 아, 인생 자랑할 것은 없어도 이순의 세월 도산 안창호 선생님에게 딱, 붙어 있었다는 원로 단우의 고백에 가슴 뭉클해졌네. 아, 대학생 아카데미 시절부터 지금까지 나는 흥사단 활동을 했어도 무슨 소용이 있는가. 그것이 운동이 되지 못했다면… 부끄러움이 고개 들었네. 세월만 흐르고 도산을 제대로 만나지 못했구나, 깊이 알지도 온전히 사랑하지도 못했구나.

그러나 그대는 나라를 사랑하는가? 그러면 그대가 먼저 건전한 인격이 되라. 한 옳음이 있으면 다른 옳음도 있음을 알고 죽더라도 거짓이 없어라. 진리는 반드시 따르는 자가 있고 정의는 반드시 이루는 날이 있다.

시대를 뛰어넘는 도산의 말씀을 세상 유혹에 휘둘릴 때도 품고 살았으니, 실천하려 애썼으니 내 삶도 무가치한 건 아니었다고 말할 수 있겠네.

목숨 바쳐 사랑했던 우리 민족, 우리 민족은 독립할 자격이 있는 민족이어서, 반드시 독립할 민족이라고 굳게 신뢰했던 겨레여, 민족이여, 단우들이여! 건전한 인격을 지으며 신성 단결을 이루어 우리 민족 전도 번영의 기초를 세우라고 하신 도산의 정신, 이제 다시 참의 정신으로 동맹 수련해야겠구나. 다시 통렬히 일어나서 머리가 아닌 마음으로, 분열이 아닌 통합된 모습으로 날마다 실천해야겠구나.

아! 그리운 도산!

상해 임시정부 시절 우리나라 헌법의 기초를 세우고, 국권 회복 후 우리 민족이 민주공화국의 국민으로서 복락을 누리며, 나아가 동아시아의 평화와 번영을 위해서 민족의 원대한 비전을 준비하셨던 도산 안창호! "나는 밥을 먹어도 대한의 독립을 위해, 잠을 자도 대한의 독립을 위해 살아왔다." 혈전으로써 조국 독립을 위해 온 생애를 다 바쳐, 온 청춘을 다 바쳐서 애기애타의 삶을 완성하신 민족독립혁명가 위대한 도산의 눈물을 이제사 분명히 알고 살게 되었네.

어른 김장하

MBC 다큐멘터리 '어른 김장하'에서
봄날 같은 선생님을 만났습니다
물속처럼 고요한 얼굴은 뿔난 마음을 스르르 풀어 주시네요
말끝마다에는 꽃이 피고요

20대부터 돈을 거름처럼 뿌려서 사람을 키우셨다지요
"돈은 똥이다. 모아 두면 악취가 나지만, 흩어 뿌리면 거름이 된다." 하셨지요
선생님의 장학금을 받고도 특별한 사람이 되지 못해 죄송하다는 사람에게
"우리 사회는 평범한 사람들이 지탱하고 있는 거다."
건네는 위로의 말이 천금 같습니다

아! 사부작사부작 꼼지락꼼지락 걸어가는 뒷모습에
왈칵 눈물이 납니다
당신을 칭찬하지도 나무라지도 말고
있는 그대로 봐 달라고 하시던 선생님!

이 시대 진정한 어른은 후세가 닮고 싶어하는 사람
선생님이 딱 그런 분이지요
아, 아직 어른이 되지 못한 사람들은
이 시대 진정한 어른 김장하
당신이 계셔서 덩달아 삶이 가치롭습니다

60년 세월의 진주 남성당 한약방을 내려놓으신 지금
당신의 시간이 무한히 펼쳐집니다
아낌없이 주는 나무가
사부작사부작 꼼지락꼼지락 걸어갑니다.

제4부 엄마의 섬

엄마를 위한 밥상

꽃으로 꽃 만다라를 피우는
꽃스님*이
자신을 위해 차린 꽃 샐러드 밥상을 두고
웃음 짓는 걸 보았다

세상에서 그처럼 완전한 밥상이 있을까

나도 아름다운 밥상을 차려야겠네
한 끼 때우는 헐렁한 밥 대신
엄마에게 받았던 밥상을 차려야겠네
그것은 엄마를 위한 밥상
지난밤 꿈속에서 내 밥을 챙겨 주시던
저세상에서도 부실한 딸의 밥을 챙기는
애달픈 엄마를 위해서라네.

* 합천 거안마을 여여 스님.

아버지 생각

평생 나의 편이셨던 아버지
자랄 때는 우리집 비탈진 곳에
꽃밭을 열어
수국꽃의 파노라마를 펼치시고
꽃의 의미도 심어 주셨지
그런 마음으로 시도 쓰게 하시던
아버지

아! 자라서는 꿈 밖에서 전전긍긍
빛나는 것 하나 없는 딸에게
끝까지 박수 쳐주시던
그런 아버지의 사랑을 대신해 줄
단 하나 내 편이 없어서
방황했던 모든 시간들

아버지 가신 지
오래되었다.

엄마의 섬

—사량도에서

사량도 가는 뱃머리에서
섬처녀였던 엄마를 상상하네
보드라운 손 명랑한 마음으로
온 섬을 활개쳤을 엄마를

사량섬은 엄마의 섬
그런데 오늘 섬을 보여 주지 않네
진종일 보슬비 온 섬을 덮고
슬픔도 덮으려는 것인가
신록도 비에 젖고
옥녀봉도 얼굴을 감추었네
평생 어부로 사셨던 폰새 할아버지의
별세 소식도 듣는
옥동 앞바다도 잔뜩 흐려 있네

오늘 엄마는 사량섬에 오셨을까
살아서는 자주 못 온
남편도 칠남매도 없는 이 섬에서

엄마의 시간을 맞춰 놓고
자유롭게 살고 계실까.

옛집에서

삼천포시 서금동 1번지
남의 집으로 넘어가 버린 지 오래지만
내 마음속엔 줄기차게 우리집이어서
카페로 둔갑한 옛집 앞에 서니
슬픈 내력이 파도쳐 오네

아버지는 목섬 은빛 바다를 보며
느리게 생선을 구우셨지
세월도 생선을 굽듯이
그렇게 더디게 보내고 싶으셨을까

왕소금에 전어가 눈부시게 익어가고
생멸치와 노래미와 볼락 새끼 굽는 냄새에
그때만큼은 아버지 곁은 자식들로 만선이었네
슬픈 아버지 피해 다니지 않아도 되는
다정한 저녁이었으니

아! 그런 옛집에 다시 살 수 없어도
그 속에 있는 것들은

평생 마르지 않았던 엄마의 젖은 손까지
모두 다 사랑이었네.

사랑의 환상

그 꽃이 진실이 아니라 하더라도
인생의 절반은 환상 속에서 피는 꽃
여름날의 해운대에서 환상을 보네
다른 사랑을 훔쳐보네

태양이 울어버리는 해운대
마음뿐이었던 가난한 날의
내 사랑의 환상을 찾아가네
세상 이야기 몽땅 담은 물빛으로
파도는 하염없이 밀려오고
원시의 몸으로 누운 백사장은
원초적인 발자국들 날것으로 품었네

우리가 하나의 호흡으로 잠들었을 때
하얀 파도는 목청을 낮추고
푸른 달빛도 본색을 숨겼던
그 밤에
사랑의 요정들 얼굴에는 환상이 난무했지

하! 이끼처럼 약속을 두르고
달팽이처럼 느리게 그 밤을 찾아가네
밥 냄새 같은 천국에 들었네.

눈물꽃

엄마라는 자리에서 피는 꽃은
꽃이기는 한 걸까
썩어서 문드러진 꽃도 꽃일까
그래도 그 꽃을 간직해야 한다면
어느 가슴에 꽂아야 할까

돌아가신 엄마는 영원히 지지 않는
꽃
그래서 엄마는 좋겠네
비록 이 세상 꽃이 아닌지 오래되었어도
영원히 살아 있는 꽃
그 꽃이 그리워서 운다
눈물꽃이 핀다

나는 울어도 울어도 꽃이 되지 못한 꽃
엄마의 자리에서 피지 못한
서러운 꽃
그래도 돌아가신 엄마처럼
그리운 꽃이 되고픈

엄마라는 그 자리
어렵기에 별이 되는
그 자리.

엄마라는 달

아들이 마침표를 앞세우고 집으로 돌아왔어요
물론 물음표도 가슴에 달고요
그러나 집으로 오는 길은 복잡하고 요란했어요
집에는 엄마라는 달이 살고 있어서
마음이 급했을까요?
아니면 공간 이동은 몸에 탈이 날 만큼
이별의 큰 축이어서일까요

사흘 밤낮을 꼼짝 못한 아들은
인생의 온갖 부호들
마침표 빼기 물음표 더하기 쉼표 곱하기
달이 뜬 지붕에다 띄워 놓았죠
엄마라는 달은 낮게 내려와
더 훤히 지붕을 비추고
쉼표를 얌전히 데려왔어요
쉼표가 왔으니 숨은 쉬게 되어서
후두둑후두둑 비의 높은음자리표가
경쾌하게 길을 터주었죠

이제 세상의 엄마들이 예쁜 아기를 낳아서
세상의 좋은 것들 다 주고 싶었던,
그 시절 그 환한 마음 찾으러 가야 한다고
말하고 싶어요
엄마라는 달이 되어서.

내 사랑은

추석날 저녁에
둥실 떠오르는 보름달 기다리며
파도 소리 따라 걸었네
바다를 찾던 사람들은
바다 대신 사람들을 만나러 가고
우리는 사람들 대신
바다를 찾아왔네

어두워지는 바다에 누워
마음은 노래를 부르고
충만한 시간이 물결을 타고 있네
마음엔 벌써 보름달이 차올라
시든 구석 환히 비추는 사이
달빛과 파도 소리와 별빛도
모두 내 것이 되었네

내 사랑은
영혼이 시드는 소리

깊이 알아들었네
나의 집이 되었네.

언니의 장어국

서포 바닷가에 사는 언니는
엄마의 장어국을 유산으로 받았나
해마다 칠남매 모일 때마다
한솥 가득 장어국을 끓이네
그 한 그릇 먹이고 싶어서
장어 뼈까지 싹 다 갈아서
엄마의 허브 방앗잎도 넣어서

그러나 이제 나이 든 형제들
사양하네
십여 년 세월 뼛속 깊이 먹였으니
일찍 가신 엄마만큼 했으니
언니의 장어국도
장대하게 막을 내리라고 하네.

쓸쓸한 일

먼 산처럼 조용하다
초복 중복 지나가고 여름은 불타오르는데
마른바람도 나뭇잎 흔들며 안부 전하는 사이
칠남매 자랑 삼으시던 하늘나라 부모님
꿈에서도 안 보이시니
달빛도 걸리지 않는 나뭇가지 같은 형제들
기척이 없네.

삼천포 바다

아름다운 노을을 가진 실안 앞바다에서
방금 썰어 온 전어회 앞에 두고
갓 죽은 전어 새끼 회쳐서 잡수시던
가난했던 엄마 생각하네
아니 그때만큼은 아직 싱싱한 전어 새끼가 있어서
아무도 넘보지 않아서
엄마의 식탁은 풍성하였네

삼천포 바다에 와서
바다와 소주가 친구가 될 때
노을은 서러운 빛으로 바다로 뛰어들어
어두워질 때까지 고요하네

어디 기댈 데 없어 마음이 곤궁할 때
고향 앞바다보다 안온한 곳 있을까
흔들리는 등대 불빛과
작은 밤배가 벗이 되어 주니
떠난 영혼도 돌아오겠네.

삼천포 사람들

고향 사람들의 말에는 향수가
가을 들길의 구절초 향기처럼
마음을 적시네
도시에서 어디 드러낼 데 없던
가난한 마음이
부모 잃은 쓸쓸한 가슴이
온기로 데워지던 날들
고향 사람들이 있었네

가을날 고향 사람들과 팔짱을 끼고
삼천포 다정한 바다 철철 품고서
하늘마다 익어 가는 감나무 따라
붉어지던 마음
화려해지는 길에서 구르던 햇살과
눈을 감아 버린 바람과
알 수 없는 그대 마음을 닮은
변화무쌍한 구름에도 손잡고 싶어지던,
내 인생에서 사랑이어라.

벚꽃잎이 눈처럼 휘날릴 때

돌아가신 엄마를 안고서
오래 살아야 했네
집보다 세상일에 바쁘신 아버지 대신
떡방앗간에서 젖은 손 부르튼 발로
칠남매를 키우시던
그런 엄마를 애달파하며 자라
추억 한 컷도
내 마음에 흐르네

어렸어도 투정 부리지 않았네
손잡고 어디 놀러 가지도 못하고
엄마 이야기 많이 듣지도 못했네
그래서일까 하느님 다신 고생시키지 않으시려고
엄마 데려가신 지 오래되었네
캄캄해졌네
오늘처럼 벚꽃잎이 눈처럼 휘날릴 때는
더욱 그랬네.

말이 집을 잃다

어느 날 돌아가신 엄마는
어른이 된 딸에게
먼 옛날 대학 시절 결핍에 대해서
생각난 듯 말하셨네

니한테 잘 못해 줬다 그때는 돈이 없어서

한 번도 딸이 사는 세상에
들어오지 않은 엄마
서운한 적 없었네
엄마는 애초에 마음 따라서 올 수 없었다는 것
뼛속 깊이 알고 있었으므로
그 말은 엄마의 말이 아니었네

하!
그렇더라도 마음을 펼쳐놓으면
솟구치는 눈물
칠남매 입 속 양식을 위하여
떡방앗간 노동에 갇혀서

산다고 애썼던 어머니
그 말 듣고 무너졌네

저곳에 가 계신 엄마하고 얘기하고 싶은
여름밤
별 총총한 밤
평상에 앉아 단둘이 소곤소곤
잠이 올 때까지 이야기하고 싶은 밤
밤은 깊어 가는데 엄마는
없네
어디에도 없네

까마득한 여름밤
내가 아직 소녀였을 때
오늘처럼 맑고 바람이 부는,
골목길 평상이 놓인 그 자리를
다친 손 통증 때문에 잠들지 못하는 나를 업고
백 번이고 천 번이고 돌고 돌았지
그런 옛날처럼 엄마 등에 업혀서

말하고 싶어라

엄마! 사랑해요

그러나 그 말의 주인은 듣지 못하네
말이 집을 잃었네.

죽음이 죽음을

뇌졸중으로 쓰러지신 아버지 전사처럼 지켜내던 어머니가
묏자리 잡아 둔 아버지보다 먼저 새집에 눕습니다
어머니 이름의 집 한 채 지어 놓고
생의 끈 놓지 못하는 아버지 기다립니다
동굴 같은 병실에서 화투 패를 붙잡고
홀로 죽음을 견디었던 어머니
그 혹독한 밤을
일곱이나 되는 자식들은 몰랐습니다

맨발로 벼락을 맞았습니다
어머니 장례식 기막히게 치르고
상복 벗기 바쁘게 들어선 아버지 병상
죽음의 불구덩이 속에서 아버지가
피가 거꾸로 솟구쳐서

하느님, 이제 그만 아버지 데려가 주세요

내 지독한 기도 들으셨는지 의식 놓으셨던 아버지

그림자 같은 어머니 기다리는 듯
창 쪽으로 시선을 돌리십니다

아버지, 엄마 하늘나라로 가셨어요

독약 같은 말들이 부서져 내립니다
아버지 눈가에 대롱대롱 슬픔이 맺힙니다
체념도 방울방울 달립니다

어머니 황망히 새집에 누운 지 두 달 만에
아버지 새 이름표를 달고
어머니 무덤 옆에 찾아듭니다
격정의 시간들이 무덤 속으로 들어갑니다
비로소 죽음이 죽음을 벗어납니다

어머니, 좋으신가요.

해설 마음의 안과 밖, 혹은 고통의 축제

| 해설 |

마음의 안과 밖, 혹은 고통의 축제

김상환(시인)

나의 눈 뒤에는 바다가 있다
그것을 나는 모두 울어버리지 않으면 안 된다.
(엘제 라스커-쉴러, 「바다 4」)

1.

노산(魯山, 노진화 시인의 아호)이 시집(『외로운 사람은 그림자가 길다』)을 낸다고 한다. 이는 사람의 마을에서 태어나 오랫동안 사람과 더불어 살고, 시를 읽고 쓰며 살아가는 노산의 처녀 시집이다. 맹렬 여성 노진화, 하면 먼저《생각과느낌》(약칭 : 생느)이 떠오른다. 한때 많은 독자들의 사랑을 받아 온《생느》의 발행인이자 편집인으로서 노산은 참으로 순수하면서도 문학을 사랑하는 사람이다. 게다가 흥이 있고 매사에 열정적이어서 아르크의 잔Jeanne d'Arc, '잔 다르크'란 별칭을 얻기도 했다.("사람의 마을에 초록 길을 내겠다고 / 상처로 붉은 길을 걸었다 / 꽃은 진 지 오래인데 / 초록 이파리 낭자하다 // 거친 등을 하고 사람의 마을에 / 꽃등을 달겠다고 / 문학의 등불을 달겠다고 / 가난한 내가 아무것도 아닌 내가 / 더없이 쓸쓸하여도 / 문예지 생각과느낌을 낸다고 / 대구의 잔 다르크라는 별명도 얻었다 // 굽은 등이 환해지는 / 사금파리 같은 저녁이었다.", 「사람의 마을」) 필자는《생느》지에 시와 평론을 발표하고, 생느가 개설한 시 창작 교실에서 강의도 일부 맡아 했다. 언젠가 노산의 고향인 삼천포(사천) 바다에서, 옥천 정지용 시인의 생가 마당에서, 또는 여름문학제를 마치고 의성 고운사에서 문인수, 박정남 등의 시인과 함께 찍은 옛 사진을 보고 있으면 감회가 새롭다. 이후 2005년 통권 36호로 생느는 휴간에 들어갔고, 노산을 못 본 지도 오래여서 이번 시집 원고는 너무 반갑고 뜻밖이었다. 그리고 무엇보다 발행인이 아닌 시인으로서 면모를 좀 더 잘 들여다보게 되어 더욱 반가웠다. 모든 시에는 '나'에 대한 특별한 언어와 감정이 들어 있다. 이번에 함께 묶은 시 66편도 다르지 않다. 왜 시인가, 왜 쓰는가? 정말이지, "사람들은 산봉

우리, 바다의 무시무시한 파도, 아득히 흘러가는 강물, 대양의 물거품, 그리고 천체의 궤도 등을 경이로운 시선으로 바라보기 위하여 가면서도 정작 자기 자신에 대해선 주의를 기울이지 않는다."(F. 페트라르카) 이야말로 시작詩作의 이유이자 근간이라면, '나'는 누구인가?

- 내 오래된 슬픔의 살이 / 우리 고통의 시간들이 / 살살 풀렸으면 좋겠습니다(「살풀이춤」)
- 내 안의 오래된 울음 … 내가 낳은 슬픔의 자식들 / 그 눈물들을 듣는다 … 한 줄기로 뿜어내는 폭포 소리 / 저 역동의 힘으로 살아가리니(「천제연폭포」)
- 파도 소리 / 내 마음의 소리(「바윗등」)
- 어릴 때 소꿉놀이하던 친구들도 지나가고 / 한때 이웃사촌이었던 사람들도 / 지나가서 돌아오지 않는다 // 어느 날에는 사랑하는 사람도 지나가고 / 천둥 번개 치듯 엄마 아버지도 핏줄의 연들도 / 다 지나가서 없는 사람이 되고 / 목청껏 의기투합하던 사람들도 / 모르는 사람이 되었네.(「지나간 사람들」)

'나'는 "오래된 슬픔"이자 "슬픔의 살"이다. 하여 고통과 "고통의 시간"들이 이젠 "살풀이춤"처럼 풀어지길 염원한다. 슬픔을 환희의 세계로 승화시키는 감정을 춤사

위로 표현하는 것이 '살풀이춤'이라 하면, '나'의 저간의 슬픔과 고통의 시간은 충분히 가늠된다. 시와 예술의 기능과 의미는 바로 그런 마음의 한을 맺고 푸는 데 있다. "내 안의 (상처와) 오래된 울음"이 울림으로 화하는 순간, 춤이 되고 노래가 되는 게 아닌가. 그런가 하면, 바다의 파도 소리와 폭포 소리는 슬픔과 아픔을 환기하는 동시에, 나를 일으켜 세우는 "시간의 점spots of time"(W. 워즈워스, 『서시』)으로 작동한다. '나'의 슬픔은 모든 것이 지나가고 흐르는 데서 기인한다. "소꿉놀이하던 친구들"과 이웃사촌들, 사랑하는 사람들과 하나뿐인 부모, 한때 "목청껏 의기투합하던 사람들"은 이제 '내' 곁을 떠나가고 없다. 이런 부재의 심리와 상황에서 '나'는 금모래 은모래가 아닌, 검은 모래가 있는 위미리 바다를 찾는다.

붉은 동백꽃 다 져버린 날
붉은 동백꽃처럼 다 떨어진 마음은
위미리 바닷가 검은 모래밭에
내 집처럼 눕는다
(……)

당신 숨소리 같은 파도 소리 들려오고

세상의 모든 소리들
모래밭으로 스며들었다
스며든 것들은 모두 검은빛으로
부서졌는가
여리고 위태로운 것들 잘게잘게 쪼개져
검은 모래밭을 이루었는가

—「검은 모래가 있는 바닷가」 부분

바다가 고향인 노산에게 바다는 또 다른 집이자 마음의 처소이다. 언젠가 모래알처럼 부서질 '나'는 드넓은 모래사장에 누워 있으면 여하한 두려움조차 없다. 집처럼 아늑하고 숨소리처럼 고른 바다에서 '나'는 파도 소리를 듣는다. 모래밭은 "여리고 위태로운 것들"로 가득 차 있고 검다. 검(붉)은 빛으로서 현玄은 세상의 모든 소리들이 뒤섞여 있어 아름답고 신비롭다. 모든 것이 지나가고 모든 것이 사라지고 없는 데서 비롯되는 시간과 인간, 그에 대한 그리움은 곧 서정시의 본질과 속성이 된다. 에밀 슈타이거가 말한 "과거적 시간에 대한 회감回感의 정서"가 바로 그것. 나는 "집 밖의 길을 따라 / 말의 눈망울같이 선한 말들로 떨어지는 / 눈 이야기를 듣는다". 꽃은 꽃의 말로, "나무는 나무의 언어로 … 길은 길의 방식으로 귀를 열"(「눈 이야기」)고, 세상은 이야기로 가득 차 있다. 천상에서 지상으로 내리는 흰 눈은 사람의 마을을 아름답고 풍요롭게 하는 서사이며 노래다. 모름지기 우리 안에는 희고 검은 저마다의 얼룩이 있다. 그 풍경과 상처, 주름에는 우리가 근본적으로 비워내고 무화하고자 하는 욕망이 있다. 「가을 단상」을 보자.

> 기다리고 있을까 / 저 지고 있는 잎들은 / 빨갛고 노랗게 물든 잎 비워 내고 / 맨몸으로 서 있을 때를 // 절정의 단풍잎도 / 조바심 내고 있을까 / 찬란히 져서 뒹구는 때를 // 나도 그럴까 / 꽃피지 못하고 물들지 못해서 / 얼른 지고 싶은가 / 손에 쥔 것들 / 가슴에 고여 있는 것들 / 불안하고 불편한 것들 / 다 버리고 싶어서 // 바람 불 때마다 비에 젖을 때마다 / 단풍 비가 내리듯 / 나도 그렇게 지고 싶은가 / 죽음보다 가벼워지고 싶은가.
>
> —「가을 단상」 전문

가을은 하강의 시간이다. 하지만 그 하강이라는 상승은 모든 것을 비워 낸 자의 색이고 빛-소리에 속한다. "빨갛고 노랗게 물든 잎"은 더 이상 말이 없으며 "맨몸으로 서 있"다. 사유하는 인간으로서 인간의 직립은 무

無의, 침묵의 형이상학을 요구한다. 진리가 도래하는 가을날의 유금빛은 완미完美한 주님에 대한 부름Rufen이 요청되는 시간이다. 그러기에 "절정의 단풍잎도" '나'도 죽음과 소멸 앞에서는 이렇다 할 조바심을 낼 수밖에 없다. 마음의 꽃을 피우고 물이 든다는 건 미완의 '나'에게 얼마나 어려운 일인가. 하여 모든 것이 불안하고 불편할 따름이다. 꽃비가 내리듯 지고 싶은 '나'에겐 비움과 버림에 대한 심리가 내재해 있다. 죽음을 두려워하면서도 죽음보다 가벼워지고 싶은 마음. 사물이 존재의 언어가 되는 가을은 "죽은 이들의 비밀, 삶과 죽음의 전체성의 비밀이 밝혀"(엄선애, 「릴케의 '오르페우스에게 바치는 소네트'에 나타난 동물, 꽃과 과일 모티프」)지는 데에 그 진의가 있다. 허공을 향해 점점이 퍼져 가는 과향果香은 가을을 더욱 아름답고 신비로운 것으로 수놓는다. 가을은 고도를 기다리는 시간이다. 이번에는 자기와의 실존적 대면을 그린 「가뭄」을 보자.

댐의 바닥을 본다
오랜 가뭄 끝에서
물은 어디로 흘러가 버렸는지

마른 돌들이 흰 몸을 드러내고
생명을 지키는 풀들
절규하는 소리 듣는다

그것은 나를 보는 것
그대와 처절했던 날들이 와락
그러나 다 지나갔다
댐 바닥에서 보았던
질긴 생명의 풀들처럼
그래 우리가 댐 바닥을 닮았구나
바닥을 보았으니
투명한 속이 되었구나.

—「가뭄」 전문

오랜 가뭄 끝에 드디어 댐은 바닥을 드러내 보인다. 그 많던 물은 어디로 갔는가? 마른 돌과 풀만이 뼈만 드러낸 채 절규한다. 그 바닥과의 대면은 곧 인간 실존과의 만남이 된다. 광야는 "생의 우선순위priority를 바라보는 장소"이며, "자기가 부서지는 자리"다. 거기서 우리는 "존재 자체의 변화를 겪고, 진정한 자기 자신이 되며, 마침내 하느님의 사람이 되는 것"이다. (송봉모, 『광야에 선 인간』 참조) 광야의 다른 말로써 "바닥"은 "투명한 속"이다.

그 "투명한 속이 춤을 춘다"(「하얀 속」). 춤을 춘다는 건 모든 것을 비운 이에게 주어지는 생의 홀황惚恍. 고통과 슬픔이 사랑과 기쁨으로 초월한다. 생명은 춤이다.

2.

이번 시집에는 자아–실존을 드러낸 것 말고도, 자연–정신을 소재로 한 시편들도 많다. 「도원지의 가을 저녁」, 「자작나무 숲에서」, 「봄 연못」, 「파도」, 「별 헤는 밤」, 제주 시편 등이 그렇다. 그중 일부 작품을 보기로 하자.

산에서 내려오는 바람을
못은 거두어 물결을 태운다
그득해지는 못에 저녁은 다다르고
도원지에 별이 빛난다

쳐다볼수록 새롭게 돋아나는 별들
맑은 별빛은 어지러운 생각들
못 속으로 떨어뜨리고
나는 엄마별 오래된 별을 헤고
내가 앉을 별자리도 점찍어 두네

복사꽃 없어도
구름과 산 그림자 물빛을 채우고
물결 타는 바람이 잔잔해질 때
당신도 가을 저녁에 앉아
가만히 별이 되려나 보네.

―「도원지의 가을 저녁」 전문 ①

서귀포 칠십리 바닷가
후려치는 파도를 속절없이 견디며
깎이고 깎여서 젖고 젖어서
돌들의 속살은 저토록 반짝인다

그대 오시려거든
저 파도처럼
번쩍
오시라.

―「파도」 전문 ②

①과 ②에는 물과 불의 이미지를 본위로 한 맑은 감성과 아름다운 서정이 잘 드러나 있다. ①은 저녁 도원지를 배경으로 원근의 전개 방식과 상상이 주가 되어 있다. 못에는 가을바람이 불고 잔잔한 물결이 인다. 못에

는 물만이 아니라 고요와 숲과 나무, 초승달과 뭇별로 가득 차 있다. 이 닫힌 열림의 저녁 못이야말로 피지스physis의 세계이며, 존재와 사건의 다른 명명이다. 월광수변, 도원의 밤하늘에 총총 별이 빛난다. "쳐다볼수록 새롭게 돋아나는 별들"은 검은빛이다. 그것은 "붉음보다도 더 붉고 / 아픔보다도 더 아픈, / 빛을 넘어 빛에 닿은 / 단 하나의 빛"(김현승, 「검은빛」)이다. 그 맑은 예지의 하늘빛으로 세사世事의 번뇌는 사라지고 어지러운 '나'의 상념은 못 속에 들어 정화된다. '나'는 문득 별이 된 엄마를 그리워하며, 그 뒤를 미리 점지해 둔다. "그리움desiderium이란 말은 원래 별을 의미하는 시데라sidera에서 나왔다. 그리움은 하늘과 땅을 결합시키며, 지상을 넘어 천상을 향한다."(안셀름 그륀, 『고요-하나님을 만나는 길』 참조) 너머와 여기, 부재와 존재를 잇는 그리움은 서정시의 주된 정서이며 형이상적 의미를 갖는다. 그리움으로, 꽃이 아니고 구름과 산 그림자만으로 물에 빛을 더하는 이 가을, '나'는 저녁 못가에 앉아 별이 되고자 한다. 아니, 이미 별이 되어 있다. ②의 단형시는 제주 시편들 가운데 하나다.

그가 왜 이 포구로 숨어들었는지 / 쨍한 날 햇살이 뛰어다니고 / 이유도 모르게 풀어놓은 에메랄드빛 물결과 / 섬휘파람새 명랑한 노래 구름 위를 날아다니는 / 대책 없는 풍경 속으로 빠져들 때

—「숨어 있기 좋은 바다 —오조리 포구」 부분

감귤밭에 피어난 노란 세상 / 공기까지 감귤색이다 / 주렁주렁 땅에 이마를 대고 / 온 세상을 깨우고 있다 / 아름다운 하강이다

—「감귤밭에서」 부분

위미리 동백꽃 지고 없는 자리 / 한라산 노을이 동백꽃같이 붉다 / 능선에 붉은 노을을 두르고 / 오래도록 붉다

—「한라산 노을 —위미리 동백마을」 부분

머체왓 숲길 들판에는 느영나영 나무가 / 서로 다른 조롱나무와 동백나무가 / 세상에서 제일 너른 품 / 한라산을 바라보고 있다 / 그래서 느영나영 / 너하고 나하고 / 애초에 태생이 달라야 / 너와 내가 되는구나 / 느영나영 / 뼛속까지 달라서 / 느영나영 / 여태껏 한 세월이구나.

—「느영나영 나무」 전문

이렇듯 제주 시편에서 '나'는 "대책 없는 풍경 속으로" 숨어들어 "공기까지 감귤색"인 제주를 탐한다. "오래도록 붉"은 한라산 노을과 위미리 동백, 제주는 "아름다운 하강"이다. 그것만으로도 제주는 온 세상을 변화시키고도 남음이 있다. 「느영나영 나무」에서 '느영나영'의 제주 토속어(느영나영 : 너랑 나랑)는 인상적이다. "머체왓 숲길"에 두 그루의 나무가 있다. "조롱나무와 동백나무"가 그것. 차이("태생이 달라야", 조롱나무와 동백나무)의 동일성("한세월", 나무)을 드러낸 이 시에서 너 없는 나, 나 없는 너는 애초에 불가능하다. "느영나영 / 뼛속까지 달라서" 우리는 하나인 것이다. 「파도」에 와서는 어떤 임팩트가 느껴진다. 제주 바다와 돌이 아름다운 것은 순전히 "깎이고 깎여서 젖고 젖어서" 마침내 반짝이기 때문이다. 인생인들 사랑인들 무에 다를 것이랴. 마지막 구절인 "그대 오시려거든 / 저 파도처럼 / 번쩍 / 오시라."에 잘 나타나 있듯이, 사랑의 절정은 이 '번쩍'에 있다. 그것은 쉬운 일이지만 오랜 내공이 없이는 불가능한 일로써, 제주에 오려거든 파도를 온몸으로 감당하며 속절없이 견딜 힘이 있어야 한다. 사랑을 하려거든 밋밋하게는 말고, 높이 치솟은 파도처럼 역동과 몰입이 있어야 한다. 한편, 노진화의 시에 나타난 사랑의 대상은 인간과 자연은 물론, 정신과 사상마저 포함된다.("그대는 나라를 사랑하는가? 그러면 그대가 먼저 건전한 인격이 되라. 한 옳음이 있으면 다른 옳음이 있음을 알고 죽더라도 거짓이 없어라. 진리는 반드시 따르는 자가 있고 정의는 반드시 이루는 날이 있다. 시대를 뛰어넘는 도산의 말씀을 세상 유혹에 휘둘릴 때도 품고 살았으니, 실천하려 애썼으니 내 삶도 무가치한 건 아니었다고 말할 수 있겠네.", 「애기애타 혹은 도산의 눈물」) 다음은 길의 이미지에 대한 집의 시편이다.

바람이 쓱쓱 쓸고 다니는
구멍 숭숭 뚫린 거미집 같은 집
그런 집을 버리지 못하는 나는
남해 금산 돌 속에 들어가
천 개의 마음을 숨기고 싶다
그러다 어슬렁 달빛이
제집같이 기어들면
천 개의 눈으로
바다도 살피고 구름도 살피다가
덜컥 발에 차이는 못난 돌 있으면

똑똑한 달빛이 저 하늘로 돌아갈 때까지
천 개의 이야기를 들어 주리라.

—「천 개의 눈과 마음 —남해 금산」 전문

에서 남해 금산은 먼바다를 앞에 두고 있는 돌로 된 집이다. 천 개의 눈과 천 개의 마음이 숨어 있는 그곳에서 바람벽한 집을, 갈림길을 떠나온 '나'는 한낮의 바다와 구름을 본다. 그러다 어스름 달빛이라도 비춰 들면 발길에 차이는 돌이 하늘로 날아오를 때까지, "달빛이 저 하늘로 돌아갈 때까지" '나'는 저들의 말을 듣고 염원할 것이다. 이야기는 시간적 존재인 우리에게 얼마나 아름답고 얼마나 많은 풍요로움을 가져다주는가. 시인은 그 시간과 이야기의 형상 속에서 마음의 눈과 의미, 길이라는 집을 새삼 깨친다. '나'는 황산마을의 오래된 집과 마음에서, 달빛에서 '내' 안의 뿌리와 신성을 발견한다. ("내 안의 뿌리여 / 신성한 황산마을에서 / 그대 오래된 마음 / 달빛같이 비춰 줄 수 있겠는가.", 「황산마을에서」) 그리고 그 집, 하면 사랑하는 가족들이 함께 떠오르는데, 엄마가 그렇다. "오늘처럼 벚꽃잎이 눈처럼 휘날릴 때"면, "돌아가신 엄마를 안고서 / 오래 살아야 했네 / 집보다 세상일에 바쁘신 아버지 대신 / 떡방앗간에서 젖은 손 부르튼 발로 / 칠남매를 키우시던 / 그런 엄마를 애달파하며 자라 / 추억 한 컷도 / 내 마음에 흐르네"(「벚꽃잎이 눈처럼 휘날릴 때」) 이런 시인의 고백과 회한은 읽는 이로 하여금 눈시울을 적시게 한다. 고단한 삶을 살았던 어머니에 대한 사랑과 연민은 나이를 더해 갈수록 커져만 간다. 지금은 카페로 변해 버린 삼천포시 서금동 1번지, 옛집에 가면 감정이란 감정은 더욱 거세게 물밀려 온다. "(…) 아버지는 목섬 은빛 바다를 보며 / 느리게 생선을 구우셨지 / 세월도 생선을 굽듯이 / 그렇게 더디게 보내고 싶으셨을까 // 왕소금에 전어가 눈부시게 익어가고 / 생멸치와 노래미와 볼락새끼 굽는 냄새에 / 그때만큼은 아버지 곁은 자식들로 만선이었네 / 슬픈 아버지 피해 다니지 않아도 되는 / 다정한 저녁이었으니 // 아! 그런 옛집에 다시 살 수 없어도 / 그 속에 있는 것들은 / 평생 마르지 않았던 엄마의 젖은 손까지 / 모두 다 사랑이었네."(「옛집에서」) 엄마는 또 어떤가?

3.

사량도 가는 뱃머리에서
섬처녀였던 엄마를 상상하네
보드라운 손 명랑한 마음으로
온 섬을 활개쳤을 엄마를

사량섬은 엄마의 섬
그런데 오늘 섬을 보여 주지 않네
진종일 보슬비 온 섬을 덮고
슬픔도 덮으려는 것인가
신록도 비에 젖고
옥녀봉도 얼굴을 감추었네
평생 어부로 사셨던 폰새 할아버지의
별세 소식도 듣는
옥동 앞바다도 잔뜩 흐려 있네

오늘 엄마는 사량섬에 오셨을까
살아서는 자주 못 온
남편도 칠남매도 없는 이 섬에서
엄마의 시간을 맞춰 놓고
자유롭게 살고 계실까.

—「엄마의 섬 —사량도에서」 전문

바다와 산이 보기 좋은 사량도는 엄마의 섬이다. 섬으로 가는 뱃머리에서 '나'는 엄마의 꿈 많은 젊은 시절을 상상한다. 그러나 모든 것이 투명하고 아름다운 바다의 뒷모습은 달랐다. 섬은 결코 제 모습을 보여주지 않았다. 진종일 보슬비가 내린 탓도 있고 '나'의 슬픔을 애써 덮으려는 것도 있지만, 엄마의 섬은 더 이상 보이지 않았다. 알 수 없고 말할 수 없는 장소가 얼굴이라면, 엄마라는 섬의 얼굴은 고통과 사랑 너머에 있다. 옥녀봉도, 평생 어부로 산 할아버지도 얼굴을 감추었다. 지금 "옥동 앞바다(는) 잔뜩 흐려 있"다. 존재의 불투명과 어둠 속에서 '나'는 다시 생각한다. 엄마의 마음, 엄마의 영혼은 오늘 이 사량思量의 섬에 오셨을까? "엄마의 시간"은 몇 시인가, 자유로운가… 슬픔의 바다, 그리움의 파도는 여전히 안개비에 가려 말이 없다. 그러나 아그러나 "슬픔도 절망도 날숨으로 날려 버리듯 / 사람이 사람을 안는 일 / 몇 초의 순간에 서로가 온다 / 절실한 것들이 온다 / 사람이 온다."(「사람이 온다」) 은총의 어머니가 온다.

봄비 내리는 밤

허위허위 성당에 가네
가난하면 외로움도 모를까
며칠을 가난하지 못했으니
며칠을 차갑게 살았으니

비 내리는 성모 동산에
젖으며 섰네
붉은 철쭉도 젖고 있네
엷은 미소 띠시는 성모님 앞에서
눈물이 일어서네

기도하는 마음만 있어도 은총일까
하염없이 들어주시는 어머니
들끓지 않도록 빗소리도 저리 다정하다.

—「비 내리는 성모 동산」 전문

가난한 마음과 영혼이 있으면 어머니는 어디서든 있다. 봄비 내리는 밤. '나'는 붉은 비단 같은 철쭉과 함께 성모 동산에 서 있다. 맑고 깨끗한 눈물이 흐른다. 시몬 베유의 말처럼 중력과 은총이 우주의 두 힘이라면, 어머니가 감당한 중력의 삶과 말을 하염없이 듣고 말없이 눈물을 닦아주는 성모의 은총. 어머니 옆에서 어머니를 생각하면 "진리는 죽음 곁에 있다." 봄밤에 내리는 빗소리가 저리도 다정한 것은 '나'의 구원 '나'의 마음인 은총의 빛과 소리, 하늘에 대한 소망 때문이다. "새들도 눈을 들어 하늘을 쳐다볼 줄 알"(「새들도 눈을 들어」)건만 하물며 인간임에랴. 이 시의 비밀은 알 듯 말 듯한 성모의 엷은 미소에 있다. 그 엷은 미소와 마음속에는 인간의 모든 슬픔과 상처를 치유하고도 남음이 있다. 고독과 고통을 무화시키며 다독이는 힘이 있다. 미소는 정지 신호 앞에서 '나'를 순간 멈춰 서게 하는 "영혼의 맑은 숨"(「신호등에 멈춰설 때마다」)과 같은 것. 그런가 하면, "흰 몸보다도 더 하얀 마음을 가진 너"(자작나무 숲에서)는 파도와 바다가 있는 삼천포 고향 사람들이다. 통양창通陽倉이 개성에서 수로 3,000리나 되는 먼 곳이라 하여 불리어진 삼천포. 포구의 사람들과 말에는 향수가 서려 있다. 햇살과 바람이 있다. 그들에게는 꽃향기처럼 몸과 마음을 순식간에 퍼뜨리는 힘이 있다. 투박하지만 드높은 삼천포 사람들. 마음이 곤궁할 때 찾아가는 바다, 떠난 영혼도 돌아온다는 삼천포. "어디 기댈 데 없어 마음이 곤궁할 때 / 고향 앞바다보다 / 안온한 곳 있을까 / 흔들리는 등대 불빛과 / 작은 밤배가 벗이 되어 주니 / 떠난 영혼도 돌아오겠다."(「삼천포 바다」) 노산魯山은 삼천포가 낳고 기른 서정栖情의 시인이다.

4.

노진화의 이번 시집에 나타난 주된 정서와 모티프는 '외로움-그리움'과 '그림자'다. 이는 표제(『외로운 사람은 그림자가 길다』)에 그대로 반영되어 있으며, 대지를 살아가는 인간의 실존이며 조건이다. 그 무엇으로도 메울 수 없는 구멍, 지울 수 없는 얼룩이다. 잔 다르크란 별명의 그녀에겐 분출된 에너지만큼이나 깊은 내면의 고독과 슬픔, 쓸쓸함이 가로놓여 있다. 그런 세계 내면의 시적 공간은 주로 바다를 중심으로 형성된다. 바다는 고향과 어머니를 환기하는 장소이며 무의식의 근간이다. 동경과 좌절의 양가 심리가 공존하는 바다는 하느님과 사랑의 지평이기도 하다. 하여 마침내의 사랑에는 숭고한 감정과 정신이 깃들어 있다. '내' 안의 오래된 울음과 울림, 그것은 어디서 비롯되는가? 마음의 공백이다. 허무를 무화시키는 방식으로써, 생의 슬픔과 기쁨을 느끼게 하는 것으로써 노산魯山의 시는 평이한 가운데서도 정서와 감각의 깊이가 있다. 내적인 절실함이 있다. 그런 그녀의 시를 읽으면 알 수 없고 말할 수 없는 어떤 기운, '나'에 대한 특별한 언어와 감정이 느껴진다. 다음 시는 절창이다.

> 오래 입 다문 나무는 / 저 혼자 우는 강물 소리 들으며 / 길게 그림자로 눕는다 // 입 속에 갇힌 것들 / 하! 꽃이 되지 못한 것들 / 그림자로 앓는다 / 꽃이 되지 못하고 말이 되지 못하고 / 모가지가 꺾이고 그림자에 갇혀서 / 제 눈을 찢는다 // 고통의 축제 / 눈물 속에서 빛나는 것들 / 그림자로 누운 것들 // 사람은, 외로운 사람은 / 그림자가 길다.
>
> —「그림자」 전문

그루시선 108

외로운 사람은 그림자가 길다

초판 1쇄 발행 2023년 10월 25일
초판 2쇄 발행 2023년 11월 15일

지은이 노진화
펴낸이 이은재

펴낸곳 도서출판 그루
출판등록 1983. 3. 26(제1-61호)
주소 42452 대구광역시 남구 큰골 3길 30
전화 053-253-7872
팩스 053-257-7884
전자우편 guroo@guroo.co.kr

ISBN 978-89-8069-491-4